읽기만 해도 공부할 요이 생기는
수험생 응원 일

이다지 엮음

이다지쌤의
공부 자극
365

서三삼독

이다지쌤의
공부 자극 365

읽기만 해도 공부할 힘이 생기는 수험생 응원 일력

이다지 엮음

서三삼독

이다지 선생님은요…

대한민국을 대표하는 역사 강사. 현 메가스터디 사회탐구 영역 및 한국사 영역 강사이다.

이화여자대학교 사학과를 전체 수석으로 졸업했다. 정교사 1급 자격증을 보유했으며 인천하늘고 교사로 근무했다. 전 EBSi 인기 강사로 그 실력을 인정받아 'EBSi 사회탐구 영역 대상'을 수상하기도 했다. 교육과정평가원이 감수한 EBS 한국사 교재를 검토했으며, 동아시아사 교과서를 집필한바 있다.

이다지쌤의 공부 자극 365

읽기만 해도 공부할 힘이 생기는
수험생 응원 일력

초판 1쇄 발행 2023년 12월 1일

엮은이 이다지

펴낸이 이정아
책임편집 오민정   **마케팅** 이주형   **디자인** 오연주 디자인
경영지원 홍성택, 강신우, 이윤재   **제작** 이진영

펴낸곳 (주)서삼독   **출판신고** 2023년 10월 25일 제2023-000261호
주소 서울시 마포구 월드컵북로 361, 14층   **이메일** info@seosamdok.kr

서삼독은 작가분들의 소중한 원고를 기다립니다. 주제, 분야 제한 없이 문을 두드려주세요.
info@seosamdok.kr로 보내주시면 성실히 검토한 후 연락드리겠습니다.

※ 이 책의 인세 일부는 자립준비청년을 위한 좋은 일에 기부됩니다.

들어가며

꿈을 이루기 위해 매일같이 책상 앞에 앉아 공부한다는 건
정말 힘들고 외로운 일입니다.
열심히 하고 싶고, 잘하고 싶은데 내 마음처럼 되지 않을 때도 많지요.
그런 여러분들께 매일 하루 한 줄의 응원을 보내 드립니다.

동서양 인생 멘토들의 빛나는 조언들 밑에는
내가 스스로에게 보내는 한마디를 적을 수 있는 칸도 마련해 두었습니다.
특별한 삶을 살고 싶지만 도무지 어떤 노력을 해야 할지 모르겠을 때,
지금이라도 무언가 시작하고 싶지만 뭘 해야 할지 모르겠을 때,

순간에 행복하십시오.

그것으로 족합니다.

우리에게 필요한 것은 오직 매 순간뿐,

그 이상도 그 이하도 아닙니다. 지금 행복하십시오.

테레사 수녀(인도 사회운동가, 노벨평화상 수상자)

오늘의 나에게 한마디

....

....

일단 한번 써 보세요!
잘한 일이 없어도 괜찮습니다.
목표를 다 채우지 못해도 괜찮아요.
나를 사랑하는 마음으로 보낸
보통의 하루하루가 모여
특별한 인생이 됩니다.

이다지 드림

어느 누구도 과거로 돌아가서 새롭게 시작할 순 없지만,
지금부터 시작하여 새로운 결말을 맺을 순 있다.

카를 바르트(목사, 신학자)

오늘의 나에게 한마디

....

....

우리는 새로운 책의 첫 장을 넘긴다.

페이지는 텅 비어 있다.

그 위에 글을 쓰는 것은 우리들 자신이다.

그 책의 이름은 기회이며 첫 번째 챕터의 제목은 새해 첫날이다.

이디스 러브조이 피어스(시인)

오늘의 나에게 한마디

....

....

지금 당신의 생각과 믿음이 미래를 결정한다.
그 생각과 믿음으로 내일과 다음 주,
그리고 내년의 모든 경험을 만들어 갈 테니까 말이다.

루이스 L. 헤이(심리치료 전문가, 작가)

오늘의 나에게 한마디

....

....

내가 세상을 향해 외칠 수 있는 유일한 사실은 바로 이것이다.
좋은 인생이 우리를 기다린다.
여기, 바로 지금.

B.F.스키너 (《스키너의 상자》를 쓴 심리학자)

오늘의 나에게 한마디

....

....

1년에 한 번은 시야를 바꿀 수 있도록 휴식을 취하라.
너무 빽빽하게 자란 나무들로 인해
숲을 볼 수 없는 상황을 겪는 것은 좋지 않다.

프랭클린 루즈벨트(미국 대통령)

오늘의 나에게 한마디

....

....

계획이 없는 목표는 단지 소원에 불과할 뿐이다.

래리 엘더(라디오 진행자)

오늘의 나에게 한마디

....

....

만나고, 알고, 사랑하고,
그리고 이별하는 것이 우리 인간의 공통된 슬픈 이야기다.

새뮤얼 테일러 콜리지(시인)

오늘의 나에게 한마디

....

....

어떤 일을 달성하기로 결심했으면
그 어떤 지겨움과 혐오감도 불사하고 완수하라.
고단한 일을 해낸 데서 오는 자신감은 실로 엄청나다.

이넉 베넷(소설가)

오늘의 나에게 한마디

....

....

누구도 과거를 향해 살아갈 수는 없다.
앞을 보라.
그곳에 당신의 미래가 있다.

앤 랜더스(칼럼니스트)

오늘의 나에게 한마디

....

....

꿈을 이루는 과정에서 여러분도 많은 벽에 부딪힐 겁니다.

하지만 명심하세요. 벽은 여러분을 멈추게 하려고 있는 게 아니에요.

벽은 여러분이 그 꿈을 얼마나 이루고 싶어 하는지

일깨워 주려고 있는 겁니다. 벽은 여러분이 아니라

그 꿈을 진정으로 원하지 않는 사람들을 막기 위해 있는 것입니다.

랜디 포시(《마지막 강의》를 쓴 대학교수)

오늘의 나에게 한마디

....

....

단 하나의 미소가 있을 뿐이라면 그것을 사랑하는 이에게 주어라.
집 안에서 퉁명스럽게 있지 마라.
그리고 거리로 나가 전혀 모르는 사람에게 웃으며
"안녕하세요"라고 인사를 건네라.

마야 안젤루(시인)

오늘의 나에게 한마디

....

....

나는 폭풍우가 두렵지 않다.
지금 나는 항해하는 법을 배우고 있기 때문이다.

루이자 메이 올컷(《작은 아씨들》을 쓴 소설가)

오늘의 나에게 한마디

....

....

DECEMBER

24

촛불 한 개로 다른 많은 양초에 불을 붙여도
그 촛불의 빛은 약해지지 않는다.

《탈무드》 중에서

오늘의 나에게 한마디

....

....

당신의 삶이 어떤 모습이든, 현재 얼마나 어렵든,
기뻐하라. 다만, 과도기일 뿐이다.

리 캐롤(작가)

오늘의 나에게 한마디

....

....

모든 영웅은 한 가지 공통된 특징을 가지고 있다.
모두 자신의 일에 성실했다는 것이다.

토머스 칼라일(역사가, 평론가)

오늘의 나에게 한마디

....

....

당신이 선택하라.
"신이시여! 좋은 아침입니다!"인지,
"오, 신이시여! 또 아침입니까!"인지.

웨인 W. 다이어(《행복한 이기주의자》를 쓴 심리학자)

오늘의 나에게 한마디

....

....

중요한 것은 자신이 지금 바라던 사람이
되어 가고 있다고 믿는 것이다.

데이비드 비스콧(정신과 의사, 방송인)

오늘의 나에게 한마디

....

....

가만히 서서 바다를 바라보기만 해서는
바다를 건널 수 없다.

라빈드라나드 타고르(《기탄잘리》를 쓴 작가, 노벨문학상 수상자)

오늘의 나에게 한마디

....

....

이미 지나간 슬픔에 새 눈물을 낭비하지 마라.

에우리피데스(고대 그리스 극작가, 시인)

오늘의 나에게 한마디

....

....

우리 집 가훈은 바로 이것이다.
"나는 할 수 있다. 하지만 정말 열심히 노력해야만 한다."
콘돌리자 라이스(미국 법무부 장관)

오늘의 나에게 한마디

....

....

 **DECEMBER**

20

현실이 가파른 오르막처럼 느껴지고
더 이상 오를 힘이 없을 때에는
정상에 올랐을 때의 모습을 생각하라.

래리 버드(농구 선수)

오늘의 나에게 한마디

....

....

11

인생은 우리가 제 옷깃을 부여잡고
"너랑 나랑 같이 해 보는 거야. 자, 가자"라고
말해 주는 것을 좋아한다.

마야 안젤루(시인)

오늘의 나에게 한마디

....

....

나의 실패와 몰락을 책망할 사람은 나 자신밖에 없다.

나는 깨달았다.

내가 나 자신의 최대의 적이며 비참한 운명의 원인이었다는 것을.

그리고 나는 바로 나의 희망이라는 것을 말이다.

나폴레옹 보나파르트(프랑스 황제, 군인)

오늘의 나에게 한마디

....

....

게으름은 즐겁지만 괴로운 상태다.
우리는 행복해지기 위해 무언가를 하고 있어야 한다.

마하트마 간디(인도 독립운동가)

오늘의 나에게 한마디

....

....

꿈은 날짜와 함께 적어 놓으면 목표가 되고,
목표를 잘게 나누면 계획이 되며,
그 계획을 실행에 옮기면 꿈이 실현된다.

그레그 S. 레이드(기업인)

오늘의 나에게 한마디

....

....

마음은 스스로의 고민거리를 만들어 내는 데 있어서
언제나 창의력이 뛰어나다.

올리버 골드스미스(《웨이크필드의 목사》를 쓴 소설가)

오늘의 나에게 한마디

....

....

애벌레 속에는 훗날 나비가 되리라는 것을 말해 줄 만한
그 무엇도 들어 있지 않다.

버크민스터 풀러(건축가)

오늘의 나에게 한마디

....

....

당신은 신의 완벽한 작품이다. 그는 실수하지 않는다.

다른 누군가를 부러워하거나 그처럼 되려고 노력할 필요가 없다.

모든 사람들은 각자 다른 방식으로 축복받았다.

스스로를 사랑해라.

태비스 스마일리(방송인)

오늘의 나에게 한마디

....

....

누구라도 친구의 아픔을 함께할 수 있다.
하지만 친구의 성공을 함께할 수 있으려면
아주 좋은 품성을 지니고 있어야 한다.

오스카 와일드(《행복한 왕자》를 쓴 소설가)

오늘의 나에게 한마디

....

....

앞서가는 방법의 비밀은 시작하는 것이다.
시작하는 방법의 비밀은
복잡하고 과중한 작업을 작은 업무로 나누어
첫 번째 업무부터 시작하는 것이다.

마크 트웨인(《톰 소여의 모험》을 쓴 소설가)

오늘의 나에게 한마디

....

....

우리는 1년 후면 다 잊어버릴 슬픔을 간직하느라고
무엇과도 바꿀 수 없는 소중한 시간을 버리고 있습니다.
소심하게 굴기에 인생은 너무나 짧습니다.

앤드류 카네기(기업인, 자선사업가)

오늘의 나에게 한마디

....

....

이른 아침, 날아갈 듯 가벼운 마음으로 일어나
사랑할 수 있는 또 하루를 주심에 감사하라.

칼릴 지브란(《《예언자》를 쓴 레바논의 대표 작가)

오늘의 나에게 한마디

....

....

당신의 가슴에 다가가라.
노크를 하고 당신의 심장이 무엇을 아는지 물어보라.

윌리엄 셰익스피어(영국 시인, 극작가)

오늘의 나에게 한마디

....

....

아주 컨디션이 좋은 날에만 열심히 한다면
생에서 이룰 수 있는 것은 그다지 많지 않을 것이다.

제리 웨스트(농구 선수)

오늘의 나에게 한마디

....

....

꼭 해야 할 일부터 시작하라.

그다음은 할 수 있는 일을 하라.

그러다 보면 어느 순간

자신이 불가능하다고 생각했던 일을 해내고 있음을 알게 될 것이다.

아시시의 성 프란체스코(이탈리아 수도사)

오늘의 나에게 한마디

....

....

시간이 지나도 아물지 않는 상처가 있었는가?

윌리엄 셰익스피어(영국 시인, 극작가)

오늘의 나에게 한마디

....

....

모든 사람이 같은 음으로 노래를 하면
하모니는 없다.

덕 플로이드(가수)

오늘의 나에게 한마디

....

....

 **JANUARY**

19

소중한 것을 깨닫는 장소는 컴퓨터 앞이 아니라
언제나 새파란 하늘 아래였다.

다하시 아유무(여행가, 작가)

오늘의 나에게 한마디

....

....

긍정적인 사람은 한계가 없고,
부정적인 사람은 한 게 없다.

작자 미상

오늘의 나에게 한마디

....

....

위대함은 다른 사람보다 앞서는 데 있지 않다.
참된 위대함은 자신의 과거보다
한 걸음 앞서 나가는 데 있다.

인도 속담

오늘의 나에게 한마디

....

....

많이 넘어져 본 사람일수록 쉽게 일어선다.
반대로 넘어지지 않는 방법만 배우면
결국 일어서는 방법을 모르게 된다.

사이토 시게타(정신과 의사)

오늘의 나에게 한마디

....

....

만약 당신이 스스로 문제를 해결할 수 있다면
도대체 걱정할 게 뭐가 있는가.
만약 문제를 해결할 수 없다면
그때는 걱정해서 뭐 하겠는가.

샨티데바(인도 승려)

오늘의 나에게 한마디

....

....

DECEMBER

9

만약 입으로만 읽을 뿐 마음으로 깨닫지 못하고
몸으로 행하지 못한다면,
책은 책대로 나는 나대로일 것이니 무슨 소용이 있겠는가?

《격몽요결》 중에서

오늘의 나에게 한마디

....

....

인간은 항상 시간이 모자라다고 불평하면서
마치 시간이 무한정 있는 것처럼 행동한다.

루키우스 안나이우스 세네카(고대 로마 철학자)

오늘의 나에게 한마디

....

....

신이 인간에게 불가능한 꿈을 주실 때에는
그것을 도와주겠다는 의미다.

레그손 카이라(꿈을 이루기 위해 3,000킬로미터가 넘는 길을 걸은 작가)

오늘의 나에게 한마디

....

....

나는 내가 좋아하는 사람들과 함께 있는 것만으로도
충분하다고 느꼈다.

월트 휘트먼(시인)

오늘의 나에게 한마디

....

....

당신의 선택이 좋지 않은 적도 있었고,
좋은 적도 있었고, 그저 그런 때도 있었을 것이다.
가장 중요한 것은 당신이 선택한 것이 모두 당신 것이라는 사실이다.

앤 윌슨 셰프(임상심리학자)

오늘의 나에게 한마디

....

....

 **JANUARY**

24

하지 않는 것이지,
하지 못하는 것이 아니다.

《맹자》 중에서

오늘의 나에게 한마디

....

....

모든 것이 다 끝났다고 생각되는 때가 올 것이다.
그때가 바로 시작이다.

루이스 라무르(작가)

오늘의 나에게 한마디

....

....

고통은 선택이 아니다.
고통은 인생이라는 대학의 필수 과목이다.

스티븐 J. 로슨(신학자)

오늘의 나에게 한마디

....

....

DECEMBER

5

미리 미래를 내다보고 뭔가를 예측하려고 애쓰지 마세요.
삶이란 본래
앞을 알 수 없는 모험으로 충만해야 제맛입니다.

파울로 코엘료(《연금술사》를 쓴 소설가)

오늘의 나에게 한마디

....

....

어린아이였을 때는 어른이 되면
쉽게 상처받지 않을 거라고 생각했다.
그러나 어른이 된다는 것은
자신이 상처받기 쉬운 존재라는 것을 받아들이는 일이다.
살아 있다면 수시로 상처받을 수밖에 없다.

매들렌 렝글(동화 작가)

오늘의 나에게 한마디

....

....

신의 사랑 속에서 살아가는 방법은 단 하나뿐이다.
늘 감사하는 마음으로 살아가는 것.

바바하리 다스(인도의 철학자)

오늘의 나에게 한마디

....

....

좌절을 경험한 사람은 자신만의 역사를 갖게 된다.

아르투어 쇼펜하우어(철학자)

오늘의 나에게 한마디

....

....

당신은 밤하늘에 가득한 수많은 별과 마찬가지로
거대한 우주의 당당한 구성원이다.
그 사실 하나만으로도 당신은 당신의 삶을
행복으로 가득 채울 권리와 의무가 충분하다.

맥스 이스트먼(작가)

오늘의 나에게 한마디

....

....

경주에서 이기는 사람은 빠른 사람이 아니라
계속해서 달리는 사람이다.

작자 미상

오늘의 나에게 한마디

....

....

너는 아직도 많이 방황해야 한단다.
다시 돌아올 때까지 모든 걸 참아야 된단다.
일이 아주 많을 것이야.
하지만 나는 너를 의심하지 않는단다.

도스토옙스키(《카라마조프 가의 형제들》을 쓴 러시아 소설가)

오늘의 나에게 한마디

....

....

실패의 가장 위대한 점 한 가지를 꼽으라면
결코 생각했던 것만큼 나쁘지만은 않다는 거예요.
우리는 실패하면 세상이 끝나 버릴 거라고 생각하지만,
사실 전혀 그렇지 않거든요.

리사 라우(판사)

오늘의 나에게 한마디

....

....

가장 큰 행복은 한 해가 끝나갈 무렵
지금이 시작하던 때보다 낫다고 느끼는 것이다.

헨리 데이비드 소로(《《월든》》을 쓴 작가, 철학자)

오늘의 나에게 한마디

....

....

다른 사람의 비판을 피하려면
아무 행동도 하지 말고,
어떤 말도 하지 말아야 하며,
그 어떤 존재도 되어서는 안 된다.

엘버트 허바드(작가)

오늘의 나에게 한마디

....

....

천재는 아니더라도 '멋진' 사람 정도는 되어 보자.

시오노 나나미(《로마인 이야기》를 쓴 소설가)

오늘의 나에게 한마디

....

....

내일에 대해서는 아무것도 모른다.
우리가 할 일은 오늘이 좋은 날이며
오늘이 행복한 날이 되게 하는 것이다.

시드니 스미스(작가)

오늘의 나에게 한마디

....

....

인간의 재능은 한 가지에 전념하는 데서 성취되고
이것저것 다 하는 데서 망친다.

왕안석(시인, 정치가)

오늘의 나에게 한마디

....

....

대부분의 사람들은
자신이 행복하고자 마음먹은 만큼 행복해진다.

에이브러햄 링컨(미국 대통령)

오늘의 나에게 한마디

....

....

어느 정도의 걱정, 고통, 고뇌는 항상 필요한 것이다.
무거운 짐을 싣지 않은 선박이
불안정하여 나아갈 수 없는 것과 같다.

아르투어 쇼펜하우어(철학자)

오늘의 나에게 한마디

....

....

젊은 시절은 거듭 오지 않고
하루에는 새벽이 두 번 있기 어려우니
때에 이르러 마땅히 학문에 힘써라.
세월은 사람을 기다려 주지 않는다.

도연명(시인)

오늘의 나에게 한마디

....

....

길을 잃는다는 것은 곧 새로운 길을 알게 된다는 뜻이다.

아프리카 속담

오늘의 나에게 한마디

....

....

잘 안될 것이라고 계속 말하면
그 말을 증명할 좋은 기회가 찾아오게 된다.

아이작 싱어(《원수들, 사랑 이야기》를 쓴 작가, 노벨문학상 수상)

오늘의 나에게 한마디

....

....

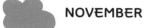
모든 이들의 가장 훌륭한 스승은 자기 자신이다.
자기만큼 스스로를 잘 알고, 격려해 줄 수 있으며,
존중해 주는 스승은 없다.

《탈무드》 중에서

오늘의 나에게 한마디

....

....

우리의 기분은 현실의 사건이 아니라
우리의 생각으로 만들어진다.

데이비드 번즈(정신과 교수)

오늘의 나에게 한마디

....

....

한 가지 일을 경험하지 않으면
한 가지 지혜가 자라나지 않는다.

《명심보감》 중에서

오늘의 나에게 한마디

....

....

게으름보다 인간을 더 우울하게 만드는 것은 없다.

로버트 버턴(목사, 작가)

오늘의 나에게 한마디

....

....

마음이 평화로운 사람은 승리나 패배 같은 것은 잊고
기분 좋게 잠자리에 든다.

석가모니(불교를 창시한 성인)

오늘의 나에게 한마디

....

....

당신이 항상 해 오던 일을 하면,
당신은 항상 얻던 것만 얻게 될 것이다.

프랜시스 베이컨(영국 철학자)

오늘의 나에게 한마디

....

....

당신이 아무리 뛰어난 선수라고 해도
누군가는 반드시 당신을 꺾을 수 있다.
또 아무리 당신이 형편없는 선수라고 해도
당신이 꺾을 수 있는 선수는 반드시 있기 마련이다.

하비 페닉(골프 코치)

오늘의 나에게 한마디

....

....

어디로 가고 있는지 어리둥절할 때일수록
정신을 바짝 차려야 한다.
엉뚱한 곳으로 갈지도 모르니까.

요기 베라(야구 선수)

오늘의 나에게 한마디

....

....

인생은 자전거를 타는 것과 같다.
계속 페달을 밟는 한 당신은 넘어질 염려가 없다.

클로드 페퍼(정치인)

오늘의 나에게 한마디

....

....

왜 주변을 정돈하는가?
우리 자신이 스스로 잘 정돈되어 있을 때,
우리 집과 사무실, 스케줄은 우리가 어떤 사람인지,
무엇을 원하는지, 목표가 무엇인지를
자연스럽게 반영하고 북돋아 준다.

줄리 모건스턴(공간관리 전문가, 작가)

오늘의 나에게 한마디

....

....

NOVEMBER

21

행복의 문이 하나 닫히면 다른 문이 열린다.
그러나 우리는 종종 닫힌 문을 멍하니 바라보다가
우리를 향해 열린 문을 보지 못한다.

알렉산더 그레이엄 벨(과학자, 발명가)

오늘의 나에게 한마디

....

....

침대에 눕는 것은
인생 최대의 즐거움 중 하나라고 믿는데,
이 생각에 찬성하는 사람은 정직한 사람이다.

린위탕(소설가)

오늘의 나에게 한마디

....

....

과거에 대해 생각하지 마라.
미래에 대해 생각하지 마라.
단지 현재에 살아라.
그러면 모든 과거도 모든 미래도 그대의 것이 될 터이니.

오쇼 라즈니쉬(인도 철학자)

오늘의 나에게 한마디

....

....

사소한 것들을 소중히 해야 해.
그것이 삶을 이루는 버팀목이니까.

애니메이션 〈심슨 가족〉 중에서

오늘의 나에게 한마디

....

....

세상은 둥글다.
끝처럼 보이지만 그것이 시작일 수도 있다.

아이비 B. 프리스토(미국 재무 장관, 정치인)

오늘의 나에게 한마디

....

....

진정으로 위대한 모든 생각은 걸을 때 나온다.

프리드리히 니체(독일 철학자)

오늘의 나에게 한마디

....

....

다른 이에게는 봄바람같이, 나에게는 가을 서리같이.

《채근담》 중에서

오늘의 나에게 한마디

....

....

습관적인 일상에서 한 걸음만 벗어나도
우리는 새로운 방향으로 나아가게 된다.

프란츠 그릴파르처(극작가, 시인)

오늘의 나에게 한마디

....

....

감사의 마음을 느끼면서 그것을 표현하지 않는다면
선물 하나를 포장하고 주지 않는 것과 같다.

윌리엄 아더 워드(동기부여 전문가)

오늘의 나에게 한마디

....

....

탁월함이란 한 차례의 행동이 아니라
반복된 습관으로 이루어진다.

아리스토텔레스(고대 그리스 철학자)

오늘의 나에게 한마디

....

....

나는 중요한 슛을 놓친 결과에 절대 개의치 않는다.
그 결과에 대해 생각하면
언제나 부정적인 결과만 생각하게 된다.

마이클 조던(농구 선수)

오늘의 나에게 한마디

....

....

FEBRUARY

14

인생은 하나의 커다란 캔버스와 같다.
가능한 모든 물감을 거기에다 쏟아부어라.

대니 케이(배우)

오늘의 나에게 한마디

....

....

승패와 상관 없이
당신이 100퍼센트 노력을 쏟아 냈음을 스스로 알고 있다면
평화로운 마음으로 자신을 즐기고,
잘 자고 또 쉴 수 있을 것이다.

골디 하우(하키 선수)

오늘의 나에게 한마디

....

....

경기에 패하는 것은 물론 가슴 아픈 일이다.
그러나 자신감이나 스스로의 가치를 잃어버리는 것은
비극이다.

조 패터노(미식축구 감독)

오늘의 나에게 한마디

....

....

그 길로 가라. 잘못도 있으리라. 실패도 있으리라.

그러나 다시 일어나서 앞으로 나아가라.

반드시 빛이 그대를 맞이할 것이다.

임마누엘 칸트(독일 철학자)

오늘의 나에게 한마디

....

....

'어쩔 수 없지 뭐'라는 생각으로 자신을 바라보자.
바로 이것이 자신의 약점이나 콤플렉스에서
벗어날 수 있는 첫걸음이다.

히로카네 켄시(만화가)

오늘의 나에게 한마디

....

....

우리가 할 수 있는 최선을 다할 때,
우리 혹은 타인의 삶에 어떤 기적이 일어나는지 아무도 모른다.

헬렌 켈러(장애를 극복한 작가, 교육자)

오늘의 나에게 한마디

....

....

당신이 무심코 지나친 평범한 일이
어쩌면 흥미진진한 모험으로 통하는 길일 수도 있다.

디팩 초프라(영성 작가)

오늘의 나에게 한마디

....

....

숨을 깊이 들이쉬고 열까지 센 다음
한 번에 하나씩 처리하라.

린다 샬라웨이(작가)

오늘의 나에게 한마디

....

....

 **FEBRUARY**

18

실제로 해 보지 않고 무엇을,
어떻게 될지 어떻게 알 수 있을까?

J.D.샐린저의《호밀밭의 파수꾼》중에서

오늘의 나에게 한마디

....

....

매일같이 피아노 건반을 두드리는 건 아주 지루한 일이다.
그러나 이름 있는 피아니스트는 매일 시간이 날 때마다 연습한다.

피터 드러커(미국의 경영학자)

오늘의 나에게 한마디

....

....

역경은 강한 바람과 같다.
역경은 떼어 낼 수 없는 것들을 제외한 나머지를
우리에게서 모조리 떼어 낸다.
그 결과 우리는 자신을 있는 그대로 직시한다.

아서 골든(소설가)

오늘의 나에게 한마디

....

....

자신이 최선을 다할 수 있는 것을 하라.

레드 아워백(농구 선수)

오늘의 나에게 한마디

....

....

모든 출구를
다른 곳으로 가는 입구라고 생각하라.

톰 스토파드(작가)

오늘의 나에게 한마디

....

....

네가 무엇인가를 소원한다는 것은
그것을 실현할 힘 또한 너에게 주어져 있음을 의미한다.
다만 그것을 위해 노력해야 할 뿐이다.

리처드 바크(《갈매기의 꿈》을 쓴 소설가)

오늘의 나에게 한마디

....

....

세상의 모든 꽃과 잎은
더 아름답게 피지 못한다고 안달하지 않습니다.
자기 이름으로 피어난 거기까지가 꽃과 잎의 한계이고
그것이 최상의 아름다움입니다.

작자 미상

오늘의 나에게 한마디

....

....

내가 걷는 길은 험난하고 미끄러웠다.

그래서 나는 자주 넘어지곤 했다.

길바닥에 엎어지면 나는 곧 기운을 차리고 자신에게 말했다.

"괜찮아, 길이 약간 미끄럽기는 해도 낭떠러지는 아니잖아."

에이브러햄 링컨(미국 대통령)

오늘의 나에게 한마디

....

....

상상력은 창조의 시작이죠.
원하는 것을 상상해 보세요.
얻을 수 있습니다.
그게 바로 창조가 아니고 뭐겠어요.

조지 버나드 쇼(영국 극작가, 소설가)

오늘의 나에게 한마디

....

....

NOVEMBER

7

작은 일에 충실하라.

당신을 키우는 힘이 거기 있기에.

테레사 수녀(인도 사회운동가, 노벨평화상 수상자)

오늘의 나에게 한마디

....

....

한계까지 자신을 밀어붙이면,
그다음에는 다시 균형을 맞춰 놓아야 한다는 걸
항상 기억하라.

레옹 낙슨(영성 작가)

오늘의 나에게 한마디

....

....

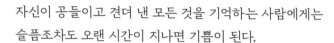

자신이 공들이고 견뎌 낸 모든 것을 기억하는 사람에게는
슬픔조차도 오랜 시간이 지나면 기쁨이 된다.

호메로스(고대 그리스 시인)

오늘의 나에게 한마디

....

....

꿈을 기록하는 것이 나의 목표였던 적은 없다.
꿈을 실현하는 것이 나의 목표다.

만 레이(사진작가)

오늘의 나에게 한마디

....

....

당신이 무엇을 수확했는가에 따라 하루를 평가하지 마라.
당신이 어떤 씨앗을 심었는가에 따라 하루를 평가하라.

로버트 루이스 스티븐슨(《보물섬》을 쓴 소설가)

오늘의 나에게 한마디

....

....

남이 한 번에 할 수 있으면 나는 백 번을 해야 하며,
남이 열 번에 할 수 있으면 나는 천 번을 해야 한다.

《중용》 중에서

오늘의 나에게 한마디

....

....

세상은 생각대로 되지 않는다고 하지만
생각대로 되지 않는다는 건 정말 멋져요.
생각지도 못했던 일이 일어나는걸요.

루시 모드 몽고메리의 《빨간 머리 앤》 중에서

오늘의 나에게 한마디

....

....

FEBRUARY

26

우리는 우리가 온종일 생각하는 대로 변해 간다.

랄프 왈도 에머슨(철학자)

오늘의 나에게 한마디

....

....

우리가 가는 길에 확신이 별로 없다는 것은 슬픈 일이 아니다.
그 길에 충실하지 못하다는 것이
오히려 더 슬픈 일이다.

헨리 데이비드 소로(《월든》을 쓴 작가, 철학자)

오늘의 나에게 한마디

....

....

바깥이 어두워도 마음의 빛을 사용해
자신을 비춰 보려 한다면
영원히 사라지지 않는 희망을 품을 수 있다.

우뤄취안(작가)

오늘의 나에게 한마디

....

....

용기는 항상 크게 울부짖는 것이 아니다.
용기는 하루의 마지막에 "내일 다시 해 보자"라고 말하는
작은 목소리일 때도 있다.

메리 앤 라드마커(작가)

오늘의 나에게 한마디

....

....

나는 당면한 문제를 나 스스로 해결하며
길을 찾아 나갈 수 있다고 믿어 의심치 않아요.
설사 내 노력이 좋은 경험이 되지 않는다 해도,
노력했다는 사실만큼은 좋은 경험이 될 겁니다.

줄리 테이머(영화감독)

오늘의 나에게 한마디

....

....

나는 당신이 자랑스럽습니다.

당신이 한 일들과 이루어야 할 꿈,

그리고 결실을 거둘 그날을 생각하십시오.

당신은 당신이 생각하는 것보다 훨씬 소중한 사람입니다.

귀스타브 플로베르(《마담 보바리》를 쓴 프랑스 소설가)

오늘의 나에게 한마디

....

....

인생은 외국어다.
모든 사람이 그것을 잘못 발음한다.

크리스토퍼 몰리(소설가)

오늘의 나에게 한마디

자신감은 어디선가 불쑥 나타나지 않는다.
그것은 어떤 것의 결과다.
몇 시간, 며칠, 몇 주, 몇 년의
끊임없는 노동과 헌신의 결과인 것이다.

로저 스토백(미식축구 선수)

오늘의 나에게 한마디

....

....

사람들은 동기부여가 오래가지 않는다고 말한다.

목욕도 마찬가지다.

그래서 매일 목욕하는 것이다.

지그 지글러(동기부여 전문가)

오늘의 나에게 한마디

....

....

만약 지옥과 같은 곳을 지나가고 있다면 계속 나아가라.

윈스턴 처칠(영국 정치가)

오늘의 나에게 한마디

....

....

새끼줄로 나무가 잘리고,
물방울도 돌에 구멍을 뚫는다.
그러므로 도를 닦는 자는 꾸준히 노력함이 마땅하다.

《채근담》 중에서

오늘의 나에게 한마디

....

....

지금 해야 할 일에 온 정신을 집중하라.
태양의 빛도 초점을 맞추지 않으면
종이조차 태울 수 없다.

알렉산더 그레이엄 벨(과학자, 발명가)

오늘의 나에게 한마디

....

....

한 해의 계획은 봄에 세워야 하고
하루의 계획은 새벽에 세운다.

중국 속담

오늘의 나에게 한마디

....

....

자신을 폄하하지 마라.

당신은 이제껏 당신 스스로 이루어 낸 모든 것이다.

제니스 조플린(가수)

오늘의 나에게 한마디

....

....

성공의 8할은 일단 출석하는 것이다.

우디 앨런(영화감독)

오늘의 나에게 한마디

....

....

슬픈 마음이여, 침착하고 탄식을 멈추어라.
구름 뒤엔 아직도 햇볕이 빛나고 있다.

헨리 워즈워스 롱펠로우(시인)

오늘의 나에게 한마디

....

....

어떻게 에베레스트산을 올라갔냐고요?
뭐, 간단합니다.
한 발 한 발 걸어서 올라갔지요.

에드먼드 힐러리(에베레스트산 최초 등정 산악인)

오늘의 나에게 한마디

....

....

인생은 고난의 연속이다.
그러나 성실한 마음으로 물리칠 수 없는 고난은 없다.

소크라테스(고대 그리스 철학자)

오늘의 나에게 한마디

....

....

오른손으로 동그라미를 그리고
왼손으로 네모를 그리면
둘 다 제대로 그릴 수 없다.

《한비자》 중에서

오늘의 나에게 한마디

....

....

 **OCTOBER**

25

하지 않는 일이 있어야
하는 일에서 큰 성공을 거둘 수 있다.

《맹자》 중에서

오늘의 나에게 한마디

....

....

14시간씩 하루도 빠짐없이
37년간 바이올린 연습을 했더니,
비평가들은 나를 천재라고 부르기 시작했다.

파브로 데 사라사테(바이올린 연주자)

오늘의 나에게 한마디

....

....

살아 있고, 볼 수 있고, 걸을 수 있다는 것,
집을 가지고 있고, 음악을 듣고, 그림을 그릴 수 있다는 것.
이런 모든 것들이 다 기적이다.

아르투르 루빈스타인(피아니스트)

오늘의 나에게 한마디

....

....

"너도 그렇게 생각해? 나만 그런 줄 알았는데"라고
말하는 순간 우정이 샘솟는다.

C.S.루이스(《《나니아 연대기》》를 쓴 소설가)

오늘의 나에게 한마디

....

....

인생의 가장 힘든 시기가 나의 저력이 된다.

황석영(소설가)

오늘의 나에게 한마디

....

....

시작하라. 시작이 일의 반이다.
반은 아직 남겨 두어라.
그리고 다시 시작하라.
그러면 끝났을 것이다.

마르쿠스 아우렐리우스(고대 로마 황제)

오늘의 나에게 한마디

....

....

얼마나 많은 사람들이 불가능한 일이라고 말하는지,
얼마나 많은 사람들이 이미 시도했는지, 그것은 상관없다.
자신이 그 일을 할 때는
그것이 자신의 첫 번째 시도임을 아는 게 중요하다.

월리 아모스(방송인, 작가)

오늘의 나에게 한마디

....

....

기적은 한 번의 훈련으로 일어나지 않는다.

에밀 자토펙(체코슬로바키아 육상 선수)

오늘의 나에게 한마디

....

....

우리가 즐겁게 했던 일들은 그냥 사라져 없어지지 않는다.
우리가 깊이 사랑하는 것은 모두 우리의 일부가 된다.

헬렌 켈러(장애를 극복한 작가, 교육자)

오늘의 나에게 한마디

....

....

이 모든 일은 현 정부의 임기 중에,
어쩌면 지구가 존재하는 동안 이루지 못할 수도 있습니다.
하지만 시작합시다.

존 F. 케네디(미국 대통령)

오늘의 나에게 한마디

....

....

풀을 뽑는 사람들은 잡초를 한 번에 다 뽑아내려고 하지 않는다.

그것은 힘이 많이 필요하기 때문이다.

그래서 한 번에 한 구석씩 뽑고,

거기가 끝나면 다음으로 넘어가는 식으로 일한다.

벤저민 프랭클린(정치가, 작가, 과학자)

오늘의 나에게 한마디

....

....

 **MARCH**

12

대체로 불안은 자신을 믿지 못하고
중심이 흔들리기 때문에 생긴다.
말콤 포브스(《포브스》를 창간한 기업가)

오늘의 나에게 한마디

....

....

열심히 일한다는 것은 매우 중요하다.
하지만 사는 동안에는 가끔 길을 걷다가
꽃의 향기를 맡아 보는 것도 잊지 않도록 하라.

모건 추(변호사)

오늘의 나에게 한마디

....

....

만약 실수하더라도
그것 때문에 절대 죽지 않는다.

데이비드 번즈(정신과 교수)

오늘의 나에게 한마디

....

....

절망스러운 상황은 없다.
절망한 사람만 있을 따름이다.

클레어 부스 루스(정치인, 작가)

오늘의 나에게 한마디

....

....

삶은 논리적이지 않다.
뜻밖의 일들과 아름다운 일들로 가득 차 있다.
나는 그 아름다운 것들이 내 곁을 스쳐 지나갈 때
놓치지 않으려 한다.
그 순간이 언제 다시 찾아올지 알 수 없으므로.

마고 폰테인(발레리나)

오늘의 나에게 한마디

....

....

부드러움을 쌓아 나가면 견고해지고,
약함을 쌓아 나가면 강해진다.

《회남자》 중에서

오늘의 나에게 한마디

....

....

 **MARCH**

15

우리는 상대방과 경쟁을 하는 것이 아니라
농구라는 경기와 투쟁을 벌이는 것이다.

밥 나이트(농구 감독)

오늘의 나에게 한마디

....

....

다른 사람이 가져오는 변화나 더 좋은 시기를 기다린다면
변화는 끝내 오지 않을 것이다.
우리 자신이 바로 그토록 기다리던 사람이다.
우리 자신이 바로 그토록 찾던 변화다.

버락 오바마(미국 대통령)

오늘의 나에게 한마디

....

....

용기란 두려워하는 것을 하는 것이다.
두렵지 않으면 용기도 없다.

에디 리켄배커(전투기 조종사)

오늘의 나에게 한마디

....

....

 **OCTOBER**

15

모든 것이 안전하고 확신할 수 있는
완벽한 순간을 기다린다면 절대 도착할 수 없다.
산을 오르거나, 경주에서 이기거나, 행복을 얻을 수 없다.

모리스 슈발리에(영화배우)

오늘의 나에게 한마디

....

....

머리 위의 별들과
끝없이 펼쳐진 높고 맑은 하늘을 보라.
인생이 마법처럼 느껴질 것이다.

빈센트 반 고흐(〈별이 빛나는 밤에〉를 그린 네덜란드 화가)

오늘의 나에게 한마디

....

....

행운은 도전하는 자만이 얻을 수 있다.

베르길리우스(고대 로마 시인)

오늘의 나에게 한마디

나는 언제나 나의 바깥에서 힘과 자신감을 찾았지만
그것들은 항상 나의 내부에 있었다.

안나 프로이트(정신분석의 창시자인 프로이트의 딸, 아동심리학자)

오늘의 나에게 한마디

....

....

나는 언제나 청년의 실패를 흥미롭게 바라본다.
그가 실패를 어떻게 받아들였는가,
실패로 인해 절망했는가, 후퇴했는가,
또는 더욱 마음을 다지고 전진했는가,
그것으로 그의 생애가 결정된다.

헬무트 폰 몰트케(독일 군인)

오늘의 나에게 한마디

....

....

MARCH

19

흐느낌이 하룻밤 내내 지속될지라도,
아침이면 기쁨이 찾아올 것이다.

《성서》 시편 30:5

오늘의 나에게 한마디

....

....

시간이 모든 것을 숙성시킨다.
태어날 때부터 현명한 사람은 없다.

미겔 데 세르반테스(《돈키호테》를 쓴 소설가)

오늘의 나에게 한마디

....

....

큰 나무도 털끝 만한 싹에서 자라나고,
아홉 층의 높은 대도 터 닦기에서 시작되며
천 리 길을 가는 것도 한 걸음부터 시작된다.

《도덕경》 중에서

오늘의 나에게 한마디

....

....

그 누군가가 이룬 것이라면 틀림없이 당신도 할 수 있다.
자신을 의심하지 말고
아침이면 해가 뜨듯이 오직 해야 할 일만 하라.

토스 J. 빌로드(작가, 투자전문가)

오늘의 나에게 한마디

....

....

 **MARCH**

21

나는 어제로 돌아갈 수 없다.
그때의 나는 다른 사람이기 때문이다.

루이스 캐럴(《이상한 나라의 앨리스》를 쓴 동화 작가)

오늘의 나에게 한마디

....

....

한 번의 환한 미소면 된다.
돈이 드는 것도 아니다.
미소는 아침 햇살처럼 어두운 밤을 몰아내고,
하루를 살 만한 날로 만들어 준다.

미국 전통 시 중에서

오늘의 나에게 한마디

....

....

백 년도 못 사는 인간이
천 년의 근심으로 산다.

한산(중국 당나라 시인)

오늘의 나에게 한마디

....

....

한 삼태기의 흙을 더 붓지 않아 산을 못 만든 것도
내가 그만두는 것이고,
한 삼태기의 흙을 더 부어 평지에서 시작하는 것도
내가 나아가는 것이다.

《논어》 중에서

오늘의 나에게 한마디

....

....

정말로 실패하는 사람보다는
스스로 포기하는 사람이 훨씬 더 많다.

헨리 포드(미국 자동차 회사 '포드' 창립자)

오늘의 나에게 한마디

....

....

우리가 하는 걱정의 40퍼센트가
절대 일어나지 않을 사건들에 대한 것이고,
30퍼센트는 이미 일어난 사건들, 22퍼센트는 사소한 사건들,
4퍼센트는 우리가 바꿀 수 없는 사건들에 대한 것이다.
나머지 4퍼센트만이 우리가 대처할 수 있는 진짜 사건이다.

어니 J. 젤린스키(작가)

오늘의 나에게 한마디

....

....

나 자신에 대한 자신감을 잃으면
온 세상이 나의 적이 된다.

랄프 왈도 에머슨(철학자)

오늘의 나에게 한마디

....

....

시작하는 데 나쁜 시기란 없다.

프란츠 카프카(《변신》을 쓴 소설가)

오늘의 나에게 한마디

....

....

절대 굳지 않는 심장,
절대 지치지 않는 기질,
절대 상처를 주지 않는 손길을 가져라.
찰스 디킨스(《위대한 유산》을 쓴 영국 소설가)

오늘의 나에게 한마디

....

....

때로는 살아 있다는 것 자체가 용기가 될 수 있다.

루키우스 안나이우스 세네카(고대 로마 철학자)

오늘의 나에게 한마디

....

....

아무리 힘든 목표라도
잘게 쪼개서 생각하면 쉬워진다.

솔로모 브레즈니츠(심리학자)

오늘의 나에게 한마디

. . . .

. . . .

 **OCTOBER**

5

어떤 결과라도 기꺼이 받아들일 용의가 있는 한
이 세상에 못할 일은 없다.

서머싯 몸(소설가, 극작가)

오늘의 나에게 한마디

....

....

인생의 무지개를 보기 위해서는
우선 비를 견뎌야 한다.

랜스 암스트롱(암을 극복한 사이클 선수)

오늘의 나에게 한마디

....

....

나는 중요한 일을 이루려 노력할 때
사람들의 말에 너무 신경 쓰지 않는 것이
바람직하다는 사실을 깨달았다.
예외 없이 이들은 안 된다고 공언한다.
하지만 바로 이때가 노력할 절호의 시기다.

캘빈 쿨리지(미국 대통령)

오늘의 나에게 한마디

....

....

마음을 다해 진실로 구한다면,
비록 적중하지는 않더라도 크게 벗어나지는 않을 것이다.

《대학》 중에서

오늘의 나에게 한마디

....

....

너는 왜 자꾸 멀리 가려고 하느냐.

보아라, 좋은 것은 가까이 있다.

다만 네가 볼 줄만 안다면 행복은 언제나 여기에 있다.

요한 볼프강 폰 괴테(독일의 작가, 철학자)

오늘의 나에게 한마디

....

....

사람들이 성공하지 못하는 것은
성공의 길이 험하기 때문이 아니라
처음부터 끝까지 한 가지 일에 전념하지 않았기 때문이다.

벤저민 디즈레일리(정치인)

오늘의 나에게 한마디

....

....

가장 빠르고, 가장 똑똑하고, 가장 총명하고,
가장 부유한 사람에게 큰 승리는 오지 않는다.
큰 승리는 넘어질 때마다 일어나는 사람에게 오는 것이다.

헨리에트 앤 클라우저(작가)

오늘의 나에게 한마디

....

....

당신이 뛰더라도 질 수 있다.
그러나 만약 뛰지 않는다면 당신은 확실히 진다.

제시 잭슨(목사, 정치가)

오늘의 나에게 한마디

....

....

인생의 큰 비밀이 있다면,
바로 큰 비밀 따위는 없다는 것이다.
당신의 목표가 무엇이든
열심히 할 의지가 있다면 달성할 수 있다.

오프라 윈프리(방송인, 배우)

오늘의 나에게 한마디

....

....

나는 내 청춘의 찬란함을 믿는다.
어떤 수식어도 필요 없을 내 청춘의 찬란함을 믿는다.
가장 뜨겁고 아름다운 청춘이길,
조그만 감정에도 가슴 뛰는 청춘이길,
커다란 감정에도 함부로 흔들리지 않을 청춘이길.

헤르만 헤세(《데미안》을 쓴 소설가)

오늘의 나에게 한마디

....

....

천 번 만 번 파도에 씻겨 비록 고생스러워도,
모래를 다 불어 내니 비로소 금이 나타나네.

유우석의 시 〈낭도사〉 중에서

오늘의 나에게 한마디

....

....

열심히 뛰어라.
즐겁게 뛰어라.
경기를 즐겨라.
마이클 조던(농구 선수)

오늘의 나에게 한마디

....

....

좌절의 메시지는 흥미진진한 신호다.
그것은 두뇌가 당신을 믿는다는 것이다.
현재 상태보다 더 잘할 수 있을 거라고.

토니 로빈스(동기부여 전문가)

오늘의 나에게 한마디

....

....

어떻게 살아가야 할지를 알려면
세 번은 망해 봐야 한다.

케이시 스탠젤(야구 감독)

오늘의 나에게 한마디

....

....

가장 중요한 일 하나에 집중하라.
그다음은 생각하지도 마라.

피터 드러커(미국의 경영학자)

오늘의 나에게 한마디

....

....

무언가를 하라.
잘되지 않으면 다른 무언가를 하라.
말도 안 되는 생각이란 없다.

짐 하이타워(정치운동가)

오늘의 나에게 한마디

....

....

만약 당신이 방향을 바꾸지 않는다면,
당신은 결국 지금 향하고 있는 곳으로 갈 것이다.

《노자》 중에서

오늘의 나에게 한마디

....

....

미친 짓이란
매번 똑같은 행동을 반복하면서
다른 결과를 기대하는 것이다.

알베르트 아인슈타인('상대성이론'을 발표한 물리학자)

오늘의 나에게 한마디

....

....

자기 자신의 어이없는 기대에 맞추어 살아가는 데 실패한 사람은
비단 나뿐만이 아닐 거예요.
그러니 다들 좀 긴장을 풀어도 될 거 같네요.

리사 울프(작가)

오늘의 나에게 한마디

....

....

옆집에 잔이 깨졌을 때,
우리 대부분은 "흔히 일어날 수 있는 일이지"라고
주저 없이 말할 것이다.
그러니 당신의 잔이 깨졌을 때도 같은 태도를 보여라.

에픽테토스(고대 그리스 철학자)

오늘의 나에게 한마디

....

....

장미에 가시가 있다고 투덜거리는 사람들이 있다.
그러나 나는 가시 속에 장미꽃이 피어서 감사하다.

장 밥티스트 알퐁스 카(소설가)

오늘의 나에게 한마디

....

....

나는 법을 배우고 싶은 사람은 먼저 일어서고,
걷고, 뛰고, 오르고, 춤추는 법을 배워야 한다.
그런 과정을 생략하고 나는 법을 배우면
결코 날 수 없다.

프리드리히 니체(독일 철학자)

오늘의 나에게 한마디

....

....

먼저 마음의 눈을 떠라.

행복의 열쇠는 어디에나 떨어져 있다.

앤드류 카네기(기업인, 자선사업가)

오늘의 나에게 한마디

....

....

한 번 그만두면
몇 번이고 그만두는 것이 쉬워지며,
그것은 습관이 된다.

미카엘 에크발(마라톤 선수)

오늘의 나에게 한마디

....

....

SEPTEMBER

23

인간의 뇌는 문제를 느끼지 않으면 지혜를 짜내지 않는다.
문제가 생겼을 때
"왜"를 다섯 번만 반복해 보면 해답이 나온다.

오노 다이이치(도요타 산업기술자, 경영인)

오늘의 나에게 한마디

위대한 것은 갑자기 이루어지지 않았다.

에픽테토스(고대 그리스 철학자)

오늘의 나에게 한마디

....

....

 **SEPTEMBER**

22

누구나 시작에는 쓰러짐이 없지만,
끝마치는 것은 드물다.

《시경》 중에서

오늘의 나에게 한마디

....

....

자신이 갖고 있는 것으로,
지금 있는 자리에서,
자신이 할 수 있는 일을 하라.

시어도어 루스벨트(미국 대통령)

오늘의 나에게 한마디

 **SEPTEMBER**

어둡다고 불평하는 것보다 촛불을 켜는 게 더 낫다.
고민하는 대신
거기 언제나 무엇인가 할 수 있는 일이 있다.

아잔 브라흐마(영국 출신 승려)

오늘의 나에게 한마디

....

....

APRIL

10

울기를 두려워하지 마라.
눈물은 마음의 아픔을 씻어 낸다.

인디언 격언

오늘의 나에게 한마디

....

....

인생은 반복된 생활이다.
좋은 일을 반복하면 좋은 인생을,
나쁜 일을 반복하면 불행한 인생을 보내는 것이다.
W.NL 영안(신학자)

오늘의 나에게 한마디

....

....

두려움 때문에 동굴에 들어가지 못한다면
보물은 영원히 찾을 수 없다.

조지프 캠벨(종교학자, 신화학자)

오늘의 나에게 한마디

....

....

내 앞에 길은 없다. 내 뒤에 길이 생긴다.

다카무라 코타로(조각가, 시인)

오늘의 나에게 한마디

....

....

만약 마음속에서
'나는 그림 그리기에 재능이 없어'라는 음성이 들려오면
반드시 그림을 그려 봐야 한다.
그 소리는 당신이 그림을 그릴 때에야 잠잠해진다.

빈센트 반 고흐(〈별이 빛나는 밤에〉를 그린 네덜란드 화가)

오늘의 나에게 한마디

....

....

휴식은 뜻밖의 결과를 가져올 수 있다.
잠시 휴식을 취하고 나면,
마치 밭을 갈지 않고 뿌린 씨앗이 성장하여
힘들이지 않고 곡식을 수확하는 것처럼
일이 쉽게 진척되는 경우가 많다.

카를 힐티(사상가, 법률가)

오늘의 나에게 한마디

....

....

인간이 사용하는 가장 슬픈 말은 무엇일까?
말이든 글이든 인간의 언어 중 가장 슬픈 말은 이것이다.
"아, 그때 해 볼걸!"

존 그린리프 휘티어(시인)

오늘의 나에게 한마디

....

....

행복을 자신의 두 손안에 꽉 잡고 있을 때는
행복이 항상 작아 보이지만,
그것을 풀어 준 후에야 비로소
그 행복이 얼마나 크고 귀중했는지 알 수 있다.

막심 고리키(러시아 작가)

오늘의 나에게 한마디

....

....

목수가 모든 사람의 말대로 집을 짓는다면
결국 비뚤어진 집을 지을 것이다.

덴마크 속담

오늘의 나에게 한마디

....

....

 **SEPTEMBER**

16

우리가 끈기를 가지고 하는 일이 쉬워지는 까닭은
일 자체가 쉬워져서가 아니라
그 일을 수행하는 우리의 능력이 향상됐기 때문이다.

랄프 왈도 에머슨(철학자)

오늘의 나에게 한마디

....

....

걱정이나 우울, 다른 정신적 심리 상태에 놓여 있다고 해서
당신이 사랑받지 못할 사람이 되는 것은 아니다.
그냥 그것을 통해 당신이 기계가 아니라
사람이라는 것을 알게 되는 것뿐이다.

세스 J. 길리한(심리학자)

오늘의 나에게 한마디

....

....

SEPTEMBER

15

다른 이들이 말하는 것이
당신을 부정적으로 이끌도록 내버려 두지 마라.
그들은 무슨 말이든 하겠지만,
결국 인생에 대한 태도를 결정하는 것은 당신의 몫이다.

키스 해럴(동기부여 전문가)

오늘의 나에게 한마디

....

....

APRIL

16

몸을 던져 분투하는 자에게
좋은 일은 생기기 마련이다.

척 놀(미식축구 감독)

오늘의 나에게 한마디

....

....

 **SEPTEMBER**

14

행복한 삶을 살기 위해서 필요한 것은 거의 없다.
모두 당신 자신 안에, 사고방식 안에 있다.

마르쿠스 아우렐리우스(고대 로마 황제)

오늘의 나에게 한마디

....

....

APRIL

17

어쨌든 우리들은 우리들의 밭을 갈지 않으면 안 된다.

볼테르(사상가, 작가)

오늘의 나에게 한마디

....

....

몇 번 실패했는지는 중요하지 않다.
한 번만 제대로 해내면 된다.

마크 큐번(기업가, 댈러스 매버릭스 구단주)

오늘의 나에게 한마디

....

....

 **APRIL**

당신이 되고 싶었던 어떤 존재가 되기에는
지금도 결코 늦지 않았다.
우물쭈물하지 말고, 머뭇거리지 않으면 된다.

조지 엘리엇(소설가)

오늘의 나에게 한마디

....

....

SEPTEMBER

12

가장 중요한 때는 바로 지금 이 시각이다.
가장 중요한 일은 바로 지금 하는 일이다.
가장 중요한 사람은 바로 지금 만나는 사람이다.

톨스토이(《전쟁과 평화》를 쓴 러시아 소설가)

오늘의 나에게 한마디

....

....

나무를 베는 데 여섯 시간이 주어진다면
나는 도끼날을 가는 데 네 시간을 할애하겠다.

에이브러햄 링컨(미국 대통령)

오늘의 나에게 한마디

....

....

 **SEPTEMBER**

11

배짱과 끈기에는 마법과 같은 신비한 힘이 있다.
그 어떤 어려움이나 훼방도 눈앞에서 사라지게 한다.

존 퀸시 애덤스(미국 대통령)

오늘의 나에게 한마디

....

....

 **APRIL**

20

연습을 하면 나아진다.
그것이 단순한 진리다.

필립 글래스(작곡가, 피아니스트)

오늘의 나에게 한마디

....

....

권태와 맞닥뜨리면 그대로 부딪혀라.
그렇게 완전히 가라앉았다가 바닥을 치고 올라오면 된다.

요세프 브로드시키(시인)

오늘의 나에게 한마디

....

....

 APRIL

21

나는 세상에 존재한다는 것 자체가 즐겁다는 사실을
결코 잊지 않는다.

캐서린 헵번(영화배우)

오늘의 나에게 한마디

....

....

사람들은 여행을 하면서 높은 산을 보고,
바다의 거대한 파도를 보고, 강의 긴 물줄기를 보고,
드넓은 대양을 보고, 밤하늘을 유영하는 별들을 보고 감탄한다.
그런데 자기 자신에 대해서는 그냥 지나친다.

아우구스티누스(고대 로마 철학자)

오늘의 나에게 한마디

....

....

APRIL

무엇인가 하고 싶은 사람은 방법을 찾아내고
아무것도 하기 싫은 사람은 구실을 찾아낸다.

아랍 격언

오늘의 나에게 한마디

....

....

나는 느리게 가는 사람입니다.
하지만 뒤로 가지는 않습니다.

에이브러햄 링컨(미국 대통령)

오늘의 나에게 한마디

....

....

신은 당신에게 위대한 무언가를 준비시키고 있다.
신은 당신이 생각하는 것보다
훨씬 더 먼 곳으로 당신을 데려갈 것이다.
그러니 신이 데려간 그곳이 너무 힘겹더라도 노여워 마라.

조엘 오스틴(목사)

오늘의 나에게 한마디

....

....

SEPTEMBER

배우는 데 시간이 없다고 하는 자는
시간이 있더라도 배울 수 없다.

《회남자》 중에서

오늘의 나에게 한마디

....

....

슬픔이 여러분의 존재에 더욱 깊이 파고들면 들수록
여러분은 더 큰 기쁨을 지닐 수 있다.

칼릴 지브란(《예언자》를 쓴 레바논의 대표 작가)

오늘의 나에게 한마디

....

....

앞이 보이지 않을 때는 가만히 눈을 감고
어둠 속에서 길을 찾는 것이 좋습니다.
어둠을 볼 수 있게 하는 것은 더 깊은 어둠이니까.

《채근담》 중에서

오늘의 나에게 한마디

....

....

오늘을 붙잡아라, 최대한 즐겨라.

다가오는 오늘을. 찾아오는 삶들을.

나는 과거가 있기에 현재에 감사할 수 있다고 생각한다.

공연히 미래를 걱정해서 현재를 망치고 싶지 않다.

오드리 헵번(영화배우)

오늘의 나에게 한마디

....

....

SEPTEMBER

5

'미안하다'는 단지 한 단어지만
천 가지 행동에 맞서는 단어다.

사라 오클러(소설가)

오늘의 나에게 한마디

....

....

 APRIL

26

산에 걸려 넘어지는 것이 아니라,
개미집에 걸려 넘어진다.

《회남자》 중에서

오늘의 나에게 한마디

....

....

SEPTEMBER

4

자벌레가 몸을 굽히는 것은 다시 펴기 위해서다.

《역경》 중에서

오늘의 나에게 한마디

....

....

변명 중에서도 가장 어리석고 못난 변명은
"시간이 없어서"라는 변명이다.

토머스 에디슨(발명가)

오늘의 나에게 한마디

....

....

신은 가끔 빵 대신 벽돌을 던져 주신다.
어떤 사람은 신을 원망하지만
어떤 사람은 그 벽돌을 주춧돌로 삼아 기막힌 집을 짓는다.

데이비드 브링클리(언론인)

오늘의 나에게 한마디

....

....

땅이 단단히 얼어붙어도 때가 되면 싹이 오른다.
느리더라도 힘주어 뻗은 걸음이 발자국도 깊다.

이순신(조선 중기 무신)

오늘의 나에게 한마디

....

....

인생은 롤러코스터와 같다.
오르막과 내리막이 있다.
공포에 질려서 비명을 지르든지,
아니면 타는 것을 즐기든지 당신의 선택이다.

작자 미상

오늘의 나에게 한마디

....

....

소설 쓴 지 30년이 지났는데도 여전히 힘들다.

박완서(소설가)

오늘의 나에게 한마디

....

....

아직 절망하지 마라.
종종 열쇠 꾸러미의 맨 마지막 열쇠가
닫힌 자물쇠를 여는 법이다.

필립 체스터필드(정치인)

오늘의 나에게 한마디

....

....

지독한 불운을 극복할 수 있는 단 한 가지는
지독한 노력이다.

해리 골든(작가, 언론인)

오늘의 나에게 한마디

....

....

 **AUGUST**

세상은 모든 사람을 부러뜨린다.
그러고 나면 그 부러진 곳이 더욱 강해지는 사람이 있다.

어니스트 헤밍웨이(《노인과 바다》를 쓴 소설가)

오늘의 나에게 한마디

．．．

．．．

MAY

1

영원히 계속되는 겨울도,
자기 차례에서 빠지는 봄도 없다.
5월은 반드시 4월 다음에 온다.

할 볼랜드(언론인, 작가)

오늘의 나에게 한마디

....

....

단지 실수 한 번 했다고 해서
인생 전체가 실수가 되는 것은 아니다.

조젯 모스바허(기업가, 외교관)

오늘의 나에게 한마디

....

....

누구나 놀라운 잠재력을 갖고 있다.
자신의 능력과 젊음을 믿어라.
그리고 끊임없이 자신에게 말하라.
"모두 다 내가 하기 나름이야"라고.

앙드레 지드(《좁은 문》를 쓴 프랑스 소설가)

오늘의 나에게 한마디

....

....

내 미래는 아침에 눈뜰 때 시작합니다.
나는 매일 내 삶과 관련 있는 창의적인 뭔가를 찾아내요.

마일즈 데이비스(재즈 음악가)

오늘의 나에게 한마디

....

....

MAY

확고한 뜻을 지닌 자는 반드시 성공한다.

《십팔사략》 중에서

오늘의 나에게 한마디

....

....

쓰러지는 것보다 중요한 것은
다시 일어서는 것이다.

빈스 롬바르디(미식축구 감독)

오늘의 나에게 한마디

....

....

당신의 허락 없이는
그 누구도 당신에게 열등감을 안겨 줄 수 없다.

엘리너 루스벨트(미국 대통령 프랭클린 루스벨트의 부인)

오늘의 나에게 한마디

....

....

 **AUGUST**

27

당신이 머뭇거리는 동안에도
시간은 흘러간다.

벤저민 프랭클린(정치가, 작가, 과학자)

오늘의 나에게 한마디

....

....

너 자신이 되어라.

다른 사람은 이미 누군가가 차지하고 있다.

너 자신이 되려면 스스로를 믿어야 한다.

자신을 믿는다는 것은 사소한 자신과의 약속을 실천하는 것이다.

오스카 와일드(《행복한 왕자》를 쓴 소설가)

오늘의 나에게 한마디

....

....

AUGUST

26

단 한 번만이라도 '휴가 기간에 무엇을 할까'에 공을 들이는 만큼
자신이 인생에서 진정으로 원하는 게 무엇인지에 마음을 쏟는다면
그동안 얼마나 잘못된 기준으로
목표도 없이 바쁘게만 지내 왔는가를 깨닫고 놀라게 될 것이다.

도로시 캔필드 피셔(사회운동가, 작가)

오늘의 나에게 한마디

....

....

잘못을 반성하는 일이 없어서는 안 되지만,
지나치게 오래 마음에 품어서도 안 된다.

《근사록》 중에서

오늘의 나에게 한마디

....

....

"못할 것 없지"라고 말하는 것이야말로
재미있는 삶을 살기 위한 구호다.

메이슨 쿨리(작가)

오늘의 나에게 한마디

....

....

MAY

7

기분이 우울하면 걸어라.
그래도 여전히 우울하면 다시 걸어라.

히포크라레스(고대 그리스 의학자)

오늘의 나에게 한마디

....

....

 **AUGUST**

24

"나는 최선을 다했다."
이 인생 철학 하나면 충분하다.

린위탕(소설가)

오늘의 나에게 한마디

....

....

MAY

만일 우리 인생이 딱 5분밖에 남지 않았다는 사실을 알게 되면
우리 모두는 공중전화로 달려가
소중한 사람들에게 전화할 것이다.
그러고는 더듬거리며 말할 것이다. 사랑한다고.

크리스토퍼 몰리(소설가)

오늘의 나에게 한마디

....

....

당신이 스트레스를 받고 있다면 한 가지 질문을 하라.
"5년 후에도 문제가 될 일인가?"
만약 그렇다면 그 상황을 해결하기 위해 노력하고,
아니면 넘어가라.

캐서린 펄시퍼(동기부여 강사)

오늘의 나에게 한마디

....

....

세상 사람들에게 당신은 그저 한 사람일지 모르지만
어떤 한 사람에게는 당신이 세상 전부일 수도 있다.

닥터 수스(어린이책 작가, 만화가)

오늘의 나에게 한마디

....

....

다시 인생을 살 기회가 주어진다면
똑같은 실수를 저지르되 좀 더 일찍 저지를 것이다.

탈룰라 뱅크헤드(영화배우)

오늘의 나에게 한마디

....

....

패배는 받아들일 수 있지만
최선의 노력을 다하지 않은 것은 받아들일 수 없다.

마이클 조던(농구 선수)

오늘의 나에게 한마디

....

....

친구가 없으면
이 세계는 황야에 지나지 않는다.

프랜시스 베이컨(영국 철학자, 정치인)

오늘의 나에게 한마디

....

....

그것에 대해 계속 생각했을 뿐이다.

아이작 뉴턴('만유인력의 법칙'을 확립한 영국 물리학자)

오늘의 나에게 한마디

....

....

짧게 써라, 그러면 읽힐 것이다.
명료하게 써라. 그러면 이해될 것이다.
그림 같이 써라. 그러면 기억 속에 머물 것이다.

조셉 퓰리처(언론인)

오늘의 나에게 한마디

....

....

 **MAY**

나는 실패한 것이 아니다.
다만 쓸모없는 방법을 1만 개나 찾아냈을 뿐이다.

토머스 에디슨(발명가)

오늘의 나에게 한마디

....

....

출발선이 어디인지는 중요하지 않다.

폴 오스터(소설가)

오늘의 나에게 한마디

....

....

 MAY

13

나에겐 사람들을 기쁘게 하는 재주가 하나 있다.
재빨리 "나는 모른다"라고 말하는 재주다.

마크 트웨인(《톰 소여의 모험》을 쓴 소설가)

오늘의 나에게 한마디

....

....

아무 성과도 거두지 못하는 이유는
엉뚱한 문제를 푸는 데 시간을 낭비하기 때문이다.

로버트 스텐버그(심리학자)

오늘의 나에게 한마디

....

....

비극은 언제나
'만일 ~하지 않았더라면'으로 시작할 것이다.

루트비히 비트겐슈타인(철학자)

오늘의 나에게 한마디

....

....

옛 감독님이 내게 전화를 하시더니
"나는 네가 아직 끝나지 않았다고 생각한다"라고 말씀하셨다.
그것이면 충분했다.
나는 다시 운동을 시작했다.

짐 애보트(야구 선수)

오늘의 나에게 한마디

....

....

 **MAY**

한 방울 한 방울이 모여
단지 하나를 가득 채운다.
석가모니(불교를 창시한 성인)

오늘의 나에게 한마디

....

....

 **AUGUST**

믿고 첫걸음을 내딛어라.
계단의 처음과 끝을 다 보려고 하지 마라.
그냥 발을 내딛어라.

마틴 루터 킹(목사, 흑인해방운동가)

오늘의 나에게 한마디

....

....

나야말로 내가 의지할 곳이다.
나를 제쳐 놓고 내가 의지할 곳은 없다.
착실한 나의 힘보다 더 나은 것은 없다.

《법구경》 중에서

오늘의 나에게 한마디

....

....

AUGUST

15
광복절

하루라는 시간을 투자해 최고의 성과를 얻고 싶다면
의지력이 떨어지기 전에 당신의 가장 중요한 일,
그 한 가지 일을 일찍 해치워라.

게리 켈러(사업가, 작가)

오늘의 나에게 한마디

....

....

우리의 마음은 밭이다.
그 안에는 기쁨, 사랑, 즐거움, 희망과 같은 긍정의 씨앗이 있는가 하면
미움, 절망, 좌절, 시기, 두려움 등과 같은 부정의 씨앗이 있다.
어떤 씨앗에 물을 주어 꽃을 피울지는 자신의 의지에 달렸다.

틱낫한(베트남 승려)

오늘의 나에게 한마디

....

....

 **AUGUST**

14

오랫동안 꿈을 그리는 사람은
마침내 그 꿈을 닮아 간다.

앙드레 말로(소설가, 정치가)

오늘의 나에게 한마디

....

....

 MAY

18

당신이 틀렸다는 걸 인정하는 건
절대 부끄러운 일이 아니다.
어제보다 오늘 더 현명하다는 걸 증명할 뿐이다.

조너선 스위프트(《《걸리버 여행기》》를 쓴 작가, 성직자)

오늘의 나에게 한마디

....

....

나는 한 사람에 불과하지만, 한 사람의 몫은 한다.
모든 것을 할 수는 없지만 뭔가 할 수 있는 일이 있다.
모든 걸 해낼 수 없다는 이유로
내가 할 수 있는 일을 포기하지는 않을 것이다.

에드워드 에버렛 헤일(목사, 작가)

오늘의 나에게 한마디

....

....

난 위험에 대해 그리 많이 생각하지 않는다.
그저 내가 하고 싶은 것을 할 뿐이다.
앞으로 나아가야 한다면, 나아가면 된다.

릴리안 카터(미국 대통령 지미 카터의 어머니, 간호사)

오늘의 나에게 한마디

....

....

친절한 말은 짧고 누구나 쉽게 할 수 있다.
하지만 그 메아리는 멀리까지 울려 퍼진다.

테레사 수녀(인도 사회운동가, 노벨평화상 수상자)

오늘의 나에게 한마디

....

....

 **MAY**

별들이 그대 슬픔 앗아 가주길,
꽃들이 그대 마음 아름다움으로 채워 주길,
희망이 그대 눈물 씻어 주길,
그리고 그 무엇보다 침묵이 그대 강하게 만들어 주길.

덴 조지(캐나다 원주민 추장)

오늘의 나에게 한마디

....

....

시간은 당신 삶의 동전이다.
내가 가진 유일한 동전을 어디에 쓸지는
나만이 결정할 수 있다.
당신 대신 타인이 그 동전을 써 버리지 않도록 주의하라.

칼 샌드버그(시인)

오늘의 나에게 한마디

....

....

 **MAY**

21

타고난 재능이란 인간들이 만들어 낸 꿈에 불과하다.
나는 슬럼프에 빠지면
평소보다 더 연습해서 정상을 되찾는다.

타이거 우즈(골프 선수)

오늘의 나에게 한마디

....

....

단정하게 앉지 않으면 생각이 흐트러지고,
생각이 흐트러지면 이치를 궁리할 수 없다.

서경덕(조선 중기 학자)

오늘의 나에게 한마디

....

....

 MAY

22

말하지 마라,
오늘 공부하지 않아도 내일이 있다고.

《고문진보》 중에서

오늘의 나에게 한마디

....

....

가르쳐서는 안 되는 두 글자가 있다.
바로 소일, 그럭저럭 한가롭게 보내는 세월이다.

《여유당전서》 중에서

오늘의 나에게 한마디

....

....

MAY

23

결코 후회하지 말 것,
뒤돌아보지 말 것을 인생의 규칙으로 삼아라.
후회는 쓸데없는 기운의 낭비다.
후회로는 아무것도 이룰 수 없다.
단지 정체만 있을 뿐이다.

캐서린 맨스필드(소설가)

오늘의 나에게 한마디

....

....

10분 뒤와 10년 후의 자신의 모습을 동시에 생각하라.

피터 드러커(미국의 경영학자)

오늘의 나에게 한마디

....

....

 **MAY**

24

방향을 잃은 여행자가 속도를 늦추는 방법은
지도를 꺼내 자신이 어디에 있는지 생각해 보는 것이다.
우리도 인생의 방향을 잃었을 때 똑같이 할 수 있을까?

데보라 노빌(뉴스 앵커)

오늘의 나에게 한마디

....

....

아침에 하는 사소한 긍정적인 생각이
당신의 하루를 바꿀 수 있다.

달라이 라마(티베트 승려)

오늘의 나에게 한마디

....

....

인생의 실패자들은
포기할 때 성공에 얼마나 가까이 있었는지 모른다.

토머스 에디슨(발명가)

오늘의 나에게 한마디

....

....

우리는 미래에 대해 생각하기 때문이 아니라
미래를 자기 마음대로 조종하길 원하기 때문에 불안한 것이다.

칼릴 지브란(《예언자》를 쓴 레바논의 대표 작가)

오늘의 나에게 한마디

....

....

 MAY

26

넘어졌다면 무언가를 주워라.

오즈월드 에이버리(생물학자)

오늘의 나에게 한마디

....

....

남들이 자신에 대해 하는 말을 듣고 화가 났다면
그저 희극배우들의 대사를 들었다고 생각하라.

아르투어 쇼펜하우어(철학자)

오늘의 나에게 한마디

....

....

친구란 당신에 대한 모든 것을 알면서도
여전히 당신을 좋아하는 사람이다.

엘버트 허바드(작가)

오늘의 나에게 한마디

....

....

연습은 잘할 때 하는 것이 아니라,
잘하기 위해 하는 것이다.

말콤 글래드웰(《《아웃라이어》를 쓴 기자, 작가)

오늘의 나에게 한마디

....

....

 MAY

문제에 집중하면 더 많은 문제가 생긴다.
가능성에 집중하면 더 많은 기회가 생길 것이다.

지그 지글러(동기부여 전문가)

오늘의 나에게 한마디

....

....

항상 맑으면 사막이 된다.
비가 내리고 바람이 불어야만 비옥한 땅이 된다.

스페인 속담

오늘의 나에게 한마디

....

....

세상을 어떻게 바라볼지 유의하라.
그것이 곧 그대의 세상이므로.

에리히 헬러(수필가, 철학자)

오늘의 나에게 한마디

....

....

AUGUST

2

자기 마음속에서 우러나오는 멜로디에 맞추어 춤을 추어라.
그것만이 화음이고
나머지는 모두 불협화음일 뿐이다.

안나 퀸들렌(작가)

오늘의 나에게 한마디

....

....

내가 인생에서 배운 모든 것을
세 단어로 요약해서 말할 수 있다.
"인생은 멈추지 않는다."

로버트 프로스트(시인)

오늘의 나에게 한마디

....

....

세상에서 가장 어려운 일도 그 시작은 쉬운 일이고,
세상에서 가장 큰일도 그 시작은 미세하다.

《도덕경》 중에서

오늘의 나에게 한마디

....

....

MAY

31

행복은 종종 열어 둔 줄 몰랐던 문으로
슬그머니 들어온다.

존 베리모어(영화배우)

오늘의 나에게 한마디

....

....

희망은 좋은 소식이 나쁜 소식보다 우세한지
계산하는 데서 오는 것이 아니다.
희망은 그저 행동하겠다는 선택이다.

애나 라페(환경운동가)

오늘의 나에게 한마디

....

....

오늘을 붙들어라,
되도록 내일에 의지하지 마라.
오늘이 1년 중 최선의 날이다.

랄프 왈도 에머슨(철학자)

오늘의 나에게 한마디

....

....

 **JULY**

30

속으로만 감사하는 것은 아무짝에도 쓸모가 없다.

글래디스 브론윈 스턴(작가)

오늘의 나에게 한마디

....

....

결심은 10대의 심장과 같아요.
엄청나게 잘 깨지죠.

메멧 오즈(의사)

오늘의 나에게 한마디

....

....

일과를 마친 후 만족스러웠던 날을 생각해 보라.
그날은 아무 할 일 없이 빈둥거렸던 날이 아니라,
할 일이 태산 같아도 그 일들을 모두 해낸 날일 것이다.

마거릿 대처(영국의 정치인)

오늘의 나에게 한마디

....

....

JUNE

매일 아침 계획하고 실행하는 사람은
극도로 바쁜 미로 같은 삶 속에서
자신을 인도할 한 올의 실을 꼭 쥐고 있는 것이다.

빅토르 위고(《레 미제라블》을 쓴 프랑스 작가)

오늘의 나에게 한마디

....

....

인생의 비참함을 잊을 수 있게 해 주는 두 가지는 바로
음악과 고양이다.

알베르트 슈바이처(의사, 노벨평화상 수상)

오늘의 나에게 한마디

....

....

한 번의 실패와 영원한 실패를 혼동하지 마라.

F. 스콧 피츠제럴드(《위대한 개츠비》를 쓴 작가)

오늘의 나에게 한마디

....

....

타이머를 20분에 맞춰 두고 울고, 소리치고, 악을 써라.
타이머가 울리면 흥분을 가라앉히고
여느 때처럼 일을 계속하라.
이것이 분노와 좌절을 다루는 레시피다.

필리스 딜러(희극배우)

오늘의 나에게 한마디

....

....

JUNE

5

나무는 폭풍이 불 때 꼿꼿이 서서 버티지 않고
휘어지고 구부러져 바람과 함께 흔들린다.
나무들은 놓아주는 것의 힘을 알기 때문이다.
강하고 곧게 서 있기 위해
지나치게 애쓰는 나무와 가지들은 부러지고 만다.

줄리아 버터플라이 힐(숲 벌목에 맞서 나무 위에서 738일을 산 환경운동가)

오늘의 나에게 한마디

....

....

 **JULY**

26

계획이 치밀하지 않으면 재앙이 먼저 발생한다.

《명심보감》 중에서

오늘의 나에게 한마디

....

....

'적당히' 하는 사람이 되지 마라.
그것은 세상에서 가장 위험한 태도다.

휴 월폴(소설가)

오늘의 나에게 한마디

....

....

행운은 100퍼센트 노력한 뒤에 남는 것이다.

랭스턴 콜만(미식축구 선수)

오늘의 나에게 한마디

....

....

당신이 사랑하는 사람의 이름을 불러 보라.
생각지도 못한 힘이 솟아날 것이다.

빅터 프랭클(《죽음의 수용소에서》를 쓴 정신과 의사)

오늘의 나에게 한마디

....

....

JULY

24

인생에서 가장 슬픈 세 가지,
할 수 있었는데,
해야 했는데,
해야만 했는데.

루이스 E. 분(경영학 교수)

오늘의 나에게 한마디

....

....

당신을 곤경에 빠뜨린 바로 그것이
또한 당신을 곤경에서 구해 주는 열쇠가 될 수 있다.
박힌 가시는 가시로 빼내고
땅으로 넘어진 자는 땅을 짚고 일어서기 때문이다.

이드리스 샤(작가, 사상가)

오늘의 나에게 한마디

....

....

자신을 행복하게 만드는 길을 따라가고,
두려워하지 마라.
그러면 생각지 못한 곳에서 문이 열릴 것이다.

조지프 캠벨(종교학자, 신화학자)

오늘의 나에게 한마디

....

....

신은 우리에게 성공을 요구하지 않아요.
노력만을 요구할 뿐이죠.

테레사 수녀(인도 사회운동가, 노벨평화상 수상자)

오늘의 나에게 한마디

....

....

JULY

22

인생은 자신이 가지고 있는 모든 힘을 발휘할 것을 요구한다.
당신이 선택할 수 있는 길은 오직 한 가지뿐이다.
그것은 도망치지 않는 것이다.

다그 함마르셸드(유엔 사무총장, 작가)

오늘의 나에게 한마디

....

....

느낌과 의지대로 자연스럽게 살고 싶다.
그 누구도, 내 삶을 대신해서 살아 줄 수 없기 때문에
나는 나답게 살고 싶다.

법정(《무소유》를 쓴 승려)

오늘의 나에게 한마디

....

....

 **JULY**

있잖아, 힘들다고 한숨짓지 마.
햇살과 바람은 한쪽 편만 들지 않아.

시바타 도요(작가)

오늘의 나에게 한마디

....

....

날개는 남이 달아 줘 나는 것이 아니라
자기 몸을 뚫고 스스로 나오는 것이다.

작자 미상

오늘의 나에게 한마디

....

....

자신은 할 수 없다고 생각하는 동안은
사실은 그것을 할 수 없다고 다짐하고 있는 것이다.
그러므로 그것은 이루어지지 않는다.

스피노자(철학자)

오늘의 나에게 한마디

....

....

그간 우리에게 가장 큰 피해를 끼친 말은 바로
"지금껏 항상 그렇게 살아왔어"라는 말이다.

그레이스 호퍼(해군 제독, 컴퓨터과학자)

오늘의 나에게 한마디

....

....

"아드님은 보통 사람과 달라요. 아이큐가 75입니다."
"그래요, 선생님. 우린 모두가 각자 다르니까요."

영화 〈포레스트 검프〉 중에서

오늘의 나에게 한마디

....

....

 JUNE

13

나는 미래에 대해 생각하는 법이 없다.
어차피 곧 닥치니까.

알베르트 아인슈타인('상대성이론'을 발표한 물리학자)

오늘의 나에게 한마디

....

....

 **JULY**

자신만의 속도를 설정하라.

어떤 사람은 엄청 크고 급격한 변화를 꿈꾸기도 한다.

반면 또 몇몇은 느리고 꾸준한 길을 가려고 한다.

당신에게 딱 맞는 속도를 찾아라.

줄리 모건스턴(공간관리 전문가, 작가)

오늘의 나에게 한마디

....

....

JUNE

14

당신의 침대가 제아무리 크고 푹신하며 안락하다 해도
거기서 빠져나와야 한다.

그레이스 슬릭(가수)

오늘의 나에게 한마디

....

....

 **JULY**

17

지금부터 당신이 만나는 모든 사람을
오늘 밤에 죽을 사람인 것처럼 대하라.
당신의 인생이 완전히 달라질 것이다.

오그 만디노(작가)

오늘의 나에게 한마디

....

....

당신으로 사세요. 당신답게 사세요.
당신이 유명하든 아니든 무엇이든 간에
당신이 될 수 있는 최고의 모습은 바로
당신다운 모습입니다.

드웨인 존슨(영화배우)

오늘의 나에게 한마디

....

....

나는 남들과 다르다는 이유로 비난받기 일쑤였지만
생각해 보니 그것이야말로
내가 성공할 수 있었던 유일한 비결이었다.

샤니아 트웨인(가수)

오늘의 나에게 한마디

....

....

 **JUNE**

16

시작은 언제나 오늘이다.

메리 울스턴크래프트(작가, 철학자)

오늘의 나에게 한마디

....

....

인생에서 성공하는 비결 중에 하나는
좋아하는 음식을 먹고 힘내 싸우는 것이다.

마크 트웨인(《톰 소여의 모험》을 쓴 소설가)

오늘의 나에게 한마디

....

....

JUNE

17

새는 알을 깨고 태어난다.

알은 새의 세계다.

태어나고자 하는 자는

하나의 세계를 깨뜨리지 않으면 안 된다.

헤르만 헤세의 《데미안》 중에서

오늘의 나에게 한마디

....

....

연은 순풍이 아니라 역풍에 가장 높이 난다.

윈스턴 처칠(영국 정치가)

오늘의 나에게 한마디

....

....

당신이 가지고 있는 재능을 발휘하라.
새들이 최선을 다해 노래할 때 숲은 매우 고요해진다.

헨리 반 다이크(목사, 작가)

오늘의 나에게 한마디

....

....

당신이 슬픔을 원하면
세상 누구도 당신을 행복하게 할 수 없다.
당신이 행복하기로 마음먹는다면 지구상의 어느 누구도,
어떤 것도 당신에게서 행복을 앗아 갈 수 없다.

파라마한사 요가난다(인도 요가지도자, 사상가)

오늘의 나에게 한마디

....

....

또 실패했는가?
괜찮다. 다시 실행하라.
그리고 더 나은 실패를 하라.

사뮈엘 베케트(《고도를 기다리며》 작가)

오늘의 나에게 한마디

....

....

JULY

12

때로 가만히 앉아 있어야 할 때가 있다.
가만히 귀를 기울이면
완전히 다른 세계의 바람이 속삭이기 시작한다.

제임스 캐롤(작가, 역사학자)

오늘의 나에게 한마디

....

....

우주에서 우리가 고칠 수 있는 것은
딱 한 가지밖에 없다.
그것은 바로 우리 자신이다.

올더스 헉슬리(《멋진 신세계》를 쓴 소설가, 시인)

오늘의 나에게 한마디

....

....

인생은 우리에게 일어나는 일 10퍼센트,
그 일에 반응하는 우리의 태도 90퍼센트로 이루어져 있다.
그러니 모든 것은 우리가 하기 나름이다.

척 스윈돌(목사, 신학자)

오늘의 나에게 한마디

....

....

인생이 자신의 뜻처럼 잘 흘러갈 때에는 명랑한 사람이 되기 쉽다.
그러나 진짜 가치 있는 사람은 힘들 때에도 웃는 사람이다.

엘라 휠러 윌콕스(시인)

오늘의 나에게 한마디

....

....

가장 용감한 행동은 자신만을 생각하는 것이다.

코코 샤넬(패션 디자이너)

오늘의 나에게 한마디

....

....

당신이 어떤 것을 할 수 있다고 믿든,
할 수 없다고 믿든, 무조건 당신의 판단이 옳다.

헨리 포드(미국 자동차 회사 '포드' 창립자)

오늘의 나에게 한마디

....

....

나만이 내 인생을 바꿀 수 있다.
아무도 날 대신해 줄 수 없다.

캐롤 버넷(영화배우)

오늘의 나에게 한마디

....

....

만약 당신이 생각의 힘이 강력하다는 것을 깨닫는다면
부정적인 생각은 절대 하지 않을 것이다.

피스 필그림(평화운동가)

오늘의 나에게 한마디

....

....

한 사람이 열등감 때문에 머뭇거리고 있는 동안
다른 사람은 실수를 저지르며 점점 뛰어난 사람이 되어 간다.

헨리 C. 링크(심리학자)

오늘의 나에게 한마디

....

....

당신이 사랑받으면서 태어났다는 사실을 알고,
이 세상을 떠날 때에도
똑같이 사랑을 받으며 간다는 것을 안다면,
우리의 삶이 어렵고 힘든 것만은
아니라는 사실도 알게 될 것이다.

마이클 잭슨(가수)

오늘의 나에게 한마디

....

....

가장 훌륭한 질문은 이것이다.
"내가 이 세상에 살면서 가장 잘할 수 있는 것은 무엇인가?"

벤저민 프랭클린(정치가, 작가, 과학자)

오늘의 나에게 한마디

....

....

절대로 절망하지 마라.
만약 그렇다면, 절망 속에서라도 계속 일은 하라.

에드먼드 버크(정치인, 철학자)

오늘의 나에게 한마디

....

....

한 사람의 발에 맞는 신이
다른 사람의 발에는 꽉 끼일 수 있다.
마찬가지로 모든 경우에 들어맞는
삶의 비결 같은 것은 없다.

칼 구스타프 융('콤플렉스' 개념을 수립한 정신과 의사)

오늘의 나에게 한마디

....

....

 **JUNE**

26

당신이 모든 이의 생각을 거스르는 선택을 한다고 해서
세상이 산산조각 나는 것은 아닙니다.

오프라 윈프리(방송인, 배우)

오늘의 나에게 한마디

....

....

완벽함이란 이룰 수 없는 것이다.

그러나 완벽함을 추구하다 보면 탁월한 경지에 오를 수는 있다.

빈스 롬바르디(미식축구 감독)

오늘의 나에게 한마디

....

....

플랜 A는 거의 항상 실패한다.

랜디 코미사(기업가, 벤처투자자)

오늘의 나에게 한마디

....

....

반걸음을 쌓지 않으면 천 리에 이를 수 없으며
작은 물줄기를 쌓지 않으면 강물을 이룰 수 없다.

순자(철학자)

오늘의 나에게 한마디

....

....

깊이가 없는 사람들은 운을 믿는다.
강한 사람들은 원인과 결과를 믿는다.

랄프 왈도 에머슨(철학자)

오늘의 나에게 한마디

....

....

시험을 통과하기 위해선
그 시험에 도전하는 수밖에 없다.

인디언 속담

오늘의 나에게 한마디

....

....

인생에서 가장 중요한 것은 "나는 바란다"라는 말은 멈추고
"나는 할 것이다"라는 말을 시작하는 것이다.
불가능이란 아예 없다고 간주하고,
확고한 실현 가능성이 있는 것처럼 여겨야 한다.

찰스 디킨스(《위대한 유산》을 쓴 영국 소설가)

오늘의 나에게 한마디

....

....

자신이 할 수 있다고 생각하는 것보다
매일 조금씩 더 하라.

로웰 토머스(방송인, 작가)

오늘의 나에게 한마디

....

....

 **JUNE**

30

마찰 없이 보석을 광나게 할 수 없듯,
시련 없이 사람을 완전하게 할 수 없다.

에이브러햄 링컨(미국 대통령)

오늘의 나에게 한마디

....

....

그대 만일 큰길이 되지 못하겠거든 아주 작은 오솔길이 되어라.

그대 만일 태양이 될 수 없으면 큰 별이 되어라.

실패와 성공은 크기에 있는 것이 아니니

무엇이 되더라도 가장 좋은 것이 되어라.

더글라스 멜록(시인)

오늘의 나에게 한마디

....

....